Trenn Dich von dem,
was Dich
kaputt macht!
Lass los, was nicht Liebe ist

Gefühle selbst steuern. Seelischen Ballast abgeben. Macht über Dein Leben zurückholen.

Trenn Dich von dem, was Dich kaputt macht! Lass los, was nicht Liebe ist.

Gefühle selbst steuern. Seelischen Ballast abgeben. Macht über Dein Leben zurückholen.

von Dipl.-Ing. Mia Charlotte Uhlig

Inhalt

iv

Selbstreflektion

Nimm dir mit diesem Buch die Zeit, deine wahre Bestimmung herauszufinden. Mit diesem Buch kannst du dein Leben grundlegend verändern und wundervolle Menschen in dein Leben bringen.

Entfache die Zündschnur deiner Ziele und Träume und breche mit mir auf. Der Weg wartet auf dich!

Liebe und Selbstliebe

Wenn du in einem Lebenslabyrinth feststeckst, brauchst du einen klaren Blick und einen Plan, den Ausgang zu finden. Das bedeutet, dass du dir einen Überblick über deine Lage verschaffst und erkennst, warum du tust, was du tust. Warum du Dinge erträgst, die dir schaden. Wie du über deine Situation denkst ist wichtig, damit du dir die richtigen Fragen stellst und dir wirklich ehrliche Antworten geben kannst.

Wie hängen deine Gefühle mit deinem Verhalten zusammen? Wie gehst du mit dir selbst um und wie gehen andere mit dir um? Hast du Schuldgefühle oder empfindest du Scham über etwas? Sind das die

Gründe, warum du bisher deine Situation nicht verändert hast?

Den Kreislauf eines unglücklichen Lebens zu unterbrechen gelingt nur, wenn du genau hinsiehst, was mit dir passiert. Klar zu sehen und zu fühlen was ist und wohin die Reise geht, ist sehr wichtig oder möchtest du in 10 Jahren noch genauso leben wie jetzt?

Kennst du das Gefühl, wenn das Herz nach Liebe und einem neuen Leben schreit, aber der Verstand sagt: Du hast doch eh keine Chance. Du bist abhängig. Wie willst du allein ein neues Leben aufbauen. Du hast keinen Job und kein Geld, also finde dich mit dem ab, was du hast.

Kommt dir diese innere Stimme bekannt vor?

Was tut ein Mensch, der etwas möchte, aber es nicht bekommt? Er resigniert oder er packt das Problem mutig an.

Wenn du dieses Buch liest, dann wahrscheinlich, weil du die Nase endgültig voll hast und endlich eine gravierende Veränderung in deinem Leben erreichen möchtest. Mit Hilfe dieses Buches wirst du deutlich schneller dort angelangen, wo du hin möchtest. Du nimmst sozusagen eine Abkürzung!

Wann hast du dich das letzte Mal so richtig angenommen, bedingungslos geliebt, akzeptiert und wertgeschätzt gefühlt? Als Baby wahrscheinlich zu 100%, aber daran werden sich die meisten von uns kaum erinnern.

Auf dem Weg ins Leben lernen wir, dass es Liebe nicht einfach mehr ohne Bedingungen gibt. Liefern wir, was Eltern, Lehrer, Vorgesetzte und Partner sich wünschen, bekommen wir ein Stück vom Liebeskuchen. Erbringen wir es nicht, gehen wir leer aus oder werden sogar abgestraft.

Einen Partner zu finden, der uns bedingungslose Liebe und Akzeptanz schenkt, in Güte und Wohlwollen ist relativ selten. Deshalb ist es wichtig, dass du dir selbst gegenüber Respekt und Mitgefühl, in bedingungsloser Liebe , entgegen bringst.

Meditation hat nachweislich einen immensen Effekt auf unser Mitgefühl. Selbstmitgefühl bewirkt Wärme und öffnet das Herz. Wenn du dich selbst liebst, hat das automatisch eine positive Ausstrahlung auf dein Umfeld zufolge.

Liebe ist das Grundbedürfnis eines jeden Menschen. Manches Mal wird diese Herzenswärme und das Einfühlungsvermögen allerdings ausgenutzt und als Schwäche interpretiert. Hier ist es wichtig, diese Empathie für andere mit Stärke und Macht zu verbinden. Gelingt dir das nicht, wirst du von dieser Selbstliebe nicht profitieren. Autorität und Durchsetzungsvermögen ist hier unerlässlich.

Um dich wahrhaft selbst zu lieben, ist es von größter Bedeutung, dass du die Antwort auf den Sinn deines einzigartigen Lebens in deiner Seele gefunden hast. Dazu ist es notwendig, deinen Verstand und deine Vernunft zu überwinden.

Selbstliebe ist die vollständige Identifikation mit dir selbst, was bedeutet, dich selbst nicht in Ketten zu legen, dich nicht für andere zu verbiegen und deine Gefühle mit Füßen zu treten oder schlimmer noch, zu verdrängen!

Wenn du gütig mit dir selbst umgehst, kann das sehr viele Schmerzen und Verletzungen heilen, die dir von anderen Menschen zugefügt worden sind. Du wirst emotional stabiler und dir wird immer klarer, dass du dir die Liebe, Anerkennung und Wertschätzung, die du oft verzweifelt in der Außenwelt suchst, selbst geben kannst. Wenn du diese Gefühle zulässt, kannst du ein unabhängiges Leben für dich aufbauen. Auf dem sicheren Fundament von Liebe, Selbstvertrauen und innerer Geborgenheit, die aus dir selber fließen. Du wirst in Krisensituationen nie mehr unsicher und allein sein, denn du kannst dich auf deine Gefühle voll und ganz verlassen. So kannst du all dein Verlangen selbst stillen. Die innere Stimme deines Selbstkritikers wird nie mehr in dein Leben pfuschen und dich schädigen.

Merke dir bitte: Es geht um das Herz für dich selbst und das Mitgefühl der eigenen Person. Dieses Gefühl ist oft nicht leicht zu entwickeln. Nicht nur die Kindheit und Verletzungen in unserem Erwachsenenalter sind dafür verantwortlich, sondern auch die Gesellschaft mit ihrem Leistungsdruck unter dem Motto: Haste was, bist Du was.

Um so viel wie möglich zu erreichen, vergewaltigen wir unsere Gefühle, demonstrieren Coolness, die wir so gar nicht haben, treiben uns an, ohne Rücksicht auf Verluste und brennen langsam aber sicher aus. Was nützt uns dann am Ende der ganz materielle Reichtum, wenn wir uns für tote Dinge kaputt gemacht haben. Die Bewunderung und Anerkennung der anderen hilft uns nichts, wenn wir selbst nur noch ein Schatten unserer selbst sind. Mentaler Stress und negative Gefühle sind kein gutes Mittel ein Leben zu führen.

Wer hält dich auf, ein ganz anderes, wundervolles Leben in Liebe und Freude zu leben? Niemand, außer du selbst!

Lasse nun auf die wichtigsten Fragen deines Lebens, die Bilder in deinem Kopf entstehen. Dein Hunger und deine Sehnsucht nach Verständnis, Wärme und Liebe sind groß.

Es geht immer um Emotionen

Unser Verstand und unsere Vernunft weiß sehr genau, was wir zu tun haben, damit wir unser Leben verbessern und unsere Ziele erreichen. Warum tun wir diese Dinge dann trotzdem nicht? Weil wir sie mit negativen Emotionen in Verbindung bringen. Steht die Vernunft im Konflikt mit unseren Gefühlen, wird sich das Emotionale durchsetzen.

Dafür gibt es eine relativ einfache Lösung. Du kennst doch bestimmt das Sprichwort: Vorfreude ist die schönste Freude.

Vorfreude erzeugst du, wenn du die positiven Gefühle deines zukünftigen Erfolges schon jetzt in dir hochbringst.

Wie du das schaffst, wirst du in den folgenden Kapiteln ganz einfach lernen.

Frei werden bedeutet aufzuwachen und den Autopiloten auszuschalten. Wer über seinen Schatten springt, der wird langfristig mit Sicherheit einen größeren Vorteil haben.

Was kann passieren, wenn du aus lauter Angst vor einem Neuanfang darauf verzichtet, dein Leben eigenverantwortlich anzugehen: Reue und das Gefühl der Hilflosigkeit können dich ein Leben lang quälen. Deshalb tue lieber mit Angst das, von dem du weißt, dass es richtig ist, statt gar nichts zu tun. Was hast Du zu verlieren und welchen Schatz kannst du gewinnen?

Gefühle steuern, Angst auflösen

Angst wird dir immer dann begegnen, wenn du das Gewohnte verlässt und dich auf Neues einlässt.

Du musst dir erlauben, wirklich du selbst zu sein. Wenn du dein ECHTES SELBST gefunden hast, entsteht das Bewusstsein für ein neues Leben von allein.

Dieser Prozess ist leicht und schwer zugleich. Der erste und wichtigste Schritt ist, dir bewusst zu machen, dass du zu jeder Zeit die Kontrolle über dein Leben wieder bekommen kannst. So minimierst du deine Ängste. Die Angst, die dich bisher daran gehindert hat, so zu leben, wie es deinen Eigenschaften und Bedürfnissen entspricht. Ein gutes Selbstwertgefühl sagt dir klar und direkt, was gut für dich ist und was nicht.

Du kennst bestimmt dieses Gefühl in der Schwebe zu sein, wenn du auf eine wichtige Nachricht wartest, auf eine Antwort oder Diagnose. Dieses unerträgliche Gefühl der Unsicherheit ist eine große Qual. Sei es, dass du auf einen Anruf wartest oder in einer Beziehung bist, in der du z.B. ständig verunsichert bist, weil du unter einem dominanten Partner leidest.

Ein Schwebezustand, ob kurzfristig oder dauerhaft, fühlt sich an, wie der Lauf auf heißen Kohlen. Wir wünschen uns nur Erlösung, egal ob mit einem guten oder schlechten Ausgang. Diese Ungewissheit, Zweifel und Angst machen unsere Gedanken dunkel und unseren Geist schwer. Wenn du nicht in der Lage bist, deine Gefühle zu steuern, wirst du dich mies fühlen und so zu unüberlegten Handlungen neigen, um dir schnell eine Entlastung zu verschaffen, die du später bereust.

Wenn du aus Angst agierst, bzw. reagierst, ist die Entscheidung oftmals zum Scheitern verurteilt und kann dir später zum Verhängnis werden. Unsere Gefühle sind die Ursache für unsere geistige Verfassung und beeinflussen unser Selbstvertrauen, unser Selbstwertgefühl und unser Selbstbewusstsein.

Aus Angst kann es passieren, dass deine Gedanken wie eine Horde wilder Affen umher springen. Wenn du diese Affenschar nicht kontrollieren kannst, fühlst du dich hilflos, kraftlos und unfähig. Diese Gefühle wirken sich negativ auf deine Gesundheit aus.

Bitte lass uns offen und ehrlich sein. Es wird immer wieder Momente in unserem Leben geben, die wir nicht vorhersehen können und die uns ein Gefühl der Unsicherheit geben. Wir können nicht unser ganzes Leben kontrollieren, aber wir können nach Möglichkeiten und Hilfe suchen, damit wir uns nicht komplett überwältigt fühlen. Du kannst z.B. mögliche Szenarien im Kopf immer und immer wieder durchspielen, die ein glückliches Ende haben. So kannst du deinen Geist praktisch programmieren und dir selbst Hoffnung und Stärke geben.

Es ist menschlich und natürlich, dass in dieses positive Kopfkino auch immer wieder sorgenvolle Bilder poppen. Wichtig ist, dass du dich nicht davon einnehmen lässt. Lass dich nicht beeindrucken, denn sonst rutscht du in einen negativen Kreislauf und machst Fehler.

Hinterfrage, ob deine Angst in der jeweiligen Situation angemessen ist und deinen Urinstinkten zum Überleben dienen oder nicht. Auf dieser Grundlage kannst du deine Gefühle verändern.

Sobald du eine Wahl hast, legt sich das Gefühl der Angst und Unsicherheit. Sobald du eine oder

mehrere Möglichkeiten zur Auswahl hast, kannst du
damit deine Gefühle verändern.

Eine andere, besonders wirksame Methode, deine
Gefühle umzudrehen ist, dich von deinen Sorgen und
Nöten zu entlasten, indem du sie abgibst und zwar an
eine höhere Instanz, (siehe auch dazu: Übung:
seelischen Ballast abgeben!) Eine höhere Instanz,
von der du weißt, dass sie dir zuverlässig hilft und
alles zum Guten führt. Das kann deine spezielle
Lebensphilosophie sein, Gott, Buddha, Brahman
oder deine Intuition aus dem Universum. Wenn du
dich immer an diese Instanz wenden kannst, gibt dir
das ein Gefühl der Geborgenheit und Ruhe.

Ich bin sicher, dass auch du daran glaubst, dass es
etwas Größeres gibt als wir selbst. Wenn du dich
damit verbindest, wird das deine unguten Gefühle
verwandeln. Glaube verändert schlechte
Gedankenmuster und löst biochemische Prozesse in
unserem Körper aus, die sorgenvolle Gefühle lindern
und diese Entspannung reduziert gleichzeitig deine
Selbstzweifel und Selbstkritik. Diese
Verantwortungsübertragung an das Universum ist
eine große Erleichterung für dich. Du hast es in der
Hand, dein Leben zum Guten zu verändern!

Je eher du dich für einen Neustart entscheidest, desto besser. Wir können jetzt sofort loslegen! Mach dir bitte folgendes bewusst:

Du hast dich an Dinge gewöhnt, die du gar nicht wolltest. Du hast dem Druck anderer Menschen nachgegeben, obwohl du das gar nicht wolltest. Du hast dich nach anderen Menschen gerichtet, obwohl du das gar nicht wolltest. Du hast jahrelang gegen deine eigene Natur gelebt. Du hast dein Selbstbewusstsein und deine Selbstliebe klein machen lassen. Dadurch werfen dich relativ normale Dinge schnell aus der Bahn. Ich meine damit Alltagskonflikte, die andere gelassen hinnehmen können, aber die dich nervös machen. Du bist angeschlagen und das macht dich hypersensibel für Konflikte.

Jetzt heißt es zu erkennen, wer du selbst in deinen Bedürfnissen bist. Wer du wirklich tief im Inneren bist und was du fühlst und willst. Wir gehen Schritt für Schritt den Weg der Selbstliebe und verbuchen alle Erfolge auf dein eigenes Konto. Du hast zu lange zurückgesteckt und an dir selbst vorbei gelebt.

Emotionale Hindernisse

Jedes Problem ist zunächst ein Problem in deinem Geist.

Welche Gefühle haben bisher dazu geführt, dass du in einer Lebenssituation steckst, in der du gar nicht sein willst? Angst, Abhängigkeiten, Geld, falsche Gefühle, schwierige Muster aus deiner Kindheit, Schuldgefühle, Verpflichtungen, Hoffnung, dass der andere sich doch noch ändert?

Für alles, was du in Gedanken erschaffen kannst, gibt es auch eine Lösung. Was hält uns in der Regel davon ab, eine Lösung für ein Problem umzusetzen? Es sind unsere Erfahrungen, unsere Erziehung, unsere Ängste. Bleibst du darin gefangen, wirst du dir kein neues Leben erschaffen können. Es ist also von größter Wichtigkeit, dass du deine Probleme mit Abstand betrachtest. Das ist schwer, aber ein einfaches und wirkungsvolles Gedankenexperiment wird dir helfen zu erkennen, was ich meine.

Stell dir vor, ein unsichtbarer Fremder würde dich und dein Leben 48 Stunden beobachten. Was würde dieser Fremde über dich und die Menschen in deinem Leben sagen?

Persönlichkeit

Probleme und Hindernisse gehören zum Leben. Was würden wir in einer Welt tun, in der alle Probleme gelöst wären? Deshalb erkenne ein Problem, als Animation proaktiv zu werden und das Resultat als Geschenk , in Glück und Freude anzunehmen.

Wenn du stagnierst und seit langem in einer Situation einbetoniert bist, entwickelst du dich zurück. Das macht dich unglücklich.

Wir müssen zwischen Problemen körperlicher Natur und Problemen auf geistiger Ebene unterscheiden. Was können nun diese physischen und geistigen Probleme sein? Ungleichgewichte, sei es Hunger, Krankheit und körperliche Gewalt, Kälte und Hitze sind körperliche Probleme. Liebe und Mangel, Angst und Einsamkeit, Hilflosigkeit und Hoffnungslosigkeit sind negative mentale Zustände. Lassen wir einmal die körperlichen Probleme außer Acht und betrachten die mentalen Probleme.

Als erstes ist es immer wichtig, dass du dich fragst, wer du von Natur aus bist. Kennst du das, wenn ein anderer über dich sagt: ach, du warst schon als Kind so!

Nur so kannst du echt leben. Wer nicht nach seinen Eigenschaften und Talenten lebt, wird sich auf Dauer verlieren und das Leben wird zu einem riesengroßen Theater, in dem du dann unbewusst Rollen spielst. Die Rolle der fleißigen Mitarbeiterin, die perfekte Hausfrau, die beste Ehefrau und Freundin, die geduldige Mutter. Warum suchst du dir nicht die Rolle nach deinen angeborenen Kardinaltugenden? Was entspricht am meisten deinem Naturell?

In welcher Stimmung befindest du dich die meiste Zeit über in deinem Alltag? Ist es Druck und Angst? Hast du vielleicht sogar das Gefühl in einer Sackgasse zu sein?

Mach dir deine natürlichen Charaktereigenschaften bewusst. Frage dich, in welchen Bereichen du dein Leben verändern willst. Kennst du deine Lebensbühne nach deinen natürlichen Wesenszügen? Wie sieht diese Bühne aus und was musst du tun, um auf dieser Bühne zu stehen?

Alle Fähigkeiten existieren grundlegend in dir. Es geht nun darum, dein natürliches Potenzial zu aktivieren. Das nennt man Selbstwirksamkeit. Stelle dir die richtigen Lebensfragen und du wirst automatisch und intuitiv die richtigen Antworten bekommen.

Dieses Buch soll dich nicht als Mensch grundlegend verändern, sondern deine Eigenschaften, besonderen Fähigkeiten und Talente identifizieren und verstärken.

Ich wünsche mir, dass du deine Fähigkeiten nutzt, um dir ein schöneres Leben aufzubauen. Trenne dich von dem, was dich kaputt macht und lass los, was nicht Liebe ist!

Ich möchte dir Lösungen für deine Probleme anbieten in Form von Ratschlägen, Unterstützung, Tipps und Denkanstößen.

Hast du ein Problem, das einen großen Schmerz in dir auslöst? Eine wahre Hilfe ist, gezielt die Schmerzpunkte aufzulösen. Eine wahre Hilfe ist, dich zu befähigen dich weiterzuentwickeln und dir zu zeigen, wie du ein großes Stück auf deinem Lebensweg vorankommen kannst. Eine langfristige Lösung deiner Probleme liegt in der Hilfe zur Selbsthilfe und zwar auf praktische, leicht verständliche Weise. Dazu gehören Anleitungen für den Alltag wie Stressreduktion und die Steuerung deiner Emotionen. Ich möchte deine natürlichen Fähigkeiten stärken, damit du auch in Momenten des Chaos ruhig und gelassen sein kannst, in Momenten der Angst furchtlos und mit Rückschlägen souverän umgehst.

Herr über Deine Emotionen sein

Wenn du eine Veränderung im Außen bewirken möchtet, dann erkenne zuerst deine eigenen Emotionen. Dich selbst kennenzulernen und zu verstehen ist der erste Schritt zu einer proaktiven Veränderung.

Die Kunst liegt darin, in bestimmten Situationen die Fähigkeit zu haben, deine eigenen Emotionen verändern zu können. Wenn du voll und ganz die Verantwortung für dein Leben übernimmst, kannst du Gefühle bewusst verstärken oder abschwächen.

Gefühle sind nicht unveränderbar. Du bist deinen Emotionen nicht ausgeliefert. Weder deinen kindlichen Emotionen noch deinen aktuellen Emotionen. Wenn du die Fähigkeit für dich nutzen kannst, brauchst du keine Angst mehr zu haben. Je besser du dich selbst verstehst, desto besser kannst du negative Gefühle abschwächen und positive Gefühle verstärken. Du kannst lernen, Herr über deine Gefühle zu sein!

Du kannst die besten Vorsätze der Welt haben und den stärksten Willen, doch wenn du deine destruktiven, passiven Verhaltensmuster nicht auflösen kannst, wirst du scheitern. Solange du denkst, dass du deinen Emotionen ausgeliefert bist, verhältst du dich kindlich und bist nicht in der Lage Wut und Angst abzuschwächen.

Du hast die Macht über deine Emotionen und niemand sonst.

Mit der richtigen Strategie wird dir das Ziel praktisch entgegenlaufen.

Was ist dein großes Ziel: Ein neues Leben! Verspiele dieses Ziel nicht für kurzfristige Verlockungen und Vergnügungen. Bleib am Ball. Bleib deinem Ziel treu. Beharrlich und wirklich fokussiert und du wirst erreichen, was du willst. Diese magische Energie wird dich immer weiter anspornen.

Was sagte Marilyn Monroe einmal: Gib einer Frau die richtigen Schuhe und sie kann die Welt erobern! Wir sind alle Stars und verdienen es zu schimmern.

Selbstvertrauen und Selbstwert.

Es gilt, dein mangelndes Selbstvertrauen aufzubauen, deinen Selbstwert zu steigern und dich nicht mehr unterbuttern zu lassen.

Oft wird mir die Frage gestellt: Wie kann ich mich selbst bedingungslos lieben und mich gegen schlechte Einflüsse durchsetzen, wo ich doch so vieles nicht kann und so viele Fehler habe?

Ich sage dann immer: Sich selbst nicht mehr anzupassen, nicht jedem gefallen zu wollen und darauf zu sch. . . . . ., es anderen Recht zu machen, ist schon ein großer Akt der Selbstliebe und Selbstbefreiung.

Deine Fehler nicht mehr zu verstecken und offensiv mit deinen Schwächen umzugehen, ist Selbstliebe.

Jemand hat deine Gefühle ignoriert oder vergewaltigt. Das bedeutet, dass du schon viel emotionales Leid und Schmerzen erlebt hast. Du hast aus Angst, Abhängigkeit und Hilflosigkeit ein selbstzerstörerisches Leben geführt, weil du dich selbst permanent verraten musstest. Die beste Selbstliebe Übung für dich besteht darin, einfach du zu sein! Einfach du ! Fertig.

Ja öfter du es schaffst, spontan zu sein und das zu tun, was deine Intuition dir sagt, desto stärker wird dein Selbstwertgefühl von Tag zu Tag. Du musst keine komplizierten Trainingseinheiten absolvieren. Handel einfach nach deinen inneren Impulsen und zwar unverzüglich, sobald du den Impuls spürst, ohne lange nachzudenken und du wirst sehen, wie viele schöne Aufwertungen es in deinem Leben gibt und wie frei und lebendig du dich fühlst.

Lass die Leute sich wundern, woher dein Sinneswandel kommt. Das ist gleichgültig. Habe

Vertrauen in deine Urenergie und Selbstwirksamkeit, die dir mit deinen starken Gefühlen helfen. Das ist die beste Selbstliebe-Zufuhr, die dir immer mehr positive Energien schenkt und so kannst du auch in deiner Umwelt immer mehr gute Impulse aufnehmen.

Seelischen Ballast loswerden

Die Trennung von negativen Einflüssen ist von größter Bedeutung. Stelle die Aussprache mit deinem Peiniger ganz hinten an. Vielleicht solltest du sogar ganz darauf verzichten. Lass die Schubladen, mit all den Beziehungsproblemen zu. Ich halte nichts davon, dich jetzt mit Ballast zu beschäftigen, um alte Verletzungen aufzuarbeiten und dich noch mehr aufzuwühlen. Das ist im Moment nicht wichtig. Nur du bist wichtig! Du und deine heilsamen Wünsche und deren Erfüllung.

Den Ballast fallen lassen, heißt die Devise. Nicht weiter im Müll wühlen, denn je mehr du wühlst, desto mehr stinkt es. Die Last abwerfen macht dich frei und dein Herz leicht. Ein Sprichwort sagt: Dem Adler wachsen die Schwingen im Flug!

Wenn du erst einmal den Mut gefunden hast, dich in die Lüfte zu erheben, kommt alles andere zu dir

angeflogen. Trennen und loslassen heißt dein neues
Mantra!

Die tiefen Kränkungen und Herabsetzungen haben
deine Psyche demontiert und deine Selbstachtung
geschädigt. Wenn man es genau betrachtet, bist du
mürbe gemacht worden. Eine Aussprache wird daran
nichts ändern. Dein Angreifer wird uneinsichtig
bleiben und seinen Alltagssadismus nicht ändern.
Deshalb lass die Angelegenheit zunächst ruhen und
kümmere dich nur um dich selbst.

All diese Verletzungen, die du ertragen hast, mussten
kompensiert werden. All die Aggressionen, der
aufgestaute Ärger, deine Traurigkeit mussten ja
irgendwo hin. Was tut ein Mensch, dem die Hände
gebunden sind und der nicht frei entscheiden kann,
weil er permanent eingeschüchtert wird? Weil er
vielleicht sogar abhängig ist von Eltern oder dem
Partner?

Richtig! Dieser Mensch wird sich gegen sich selbst
richten. Sich selbst attackieren, wie bei einer
Autoimmunkrankheit. Aus spiritueller Sicht, gibt es
verschiedene emotionale Ursachen für deine Angst
und Depressionen.

Wut im Bauch

Wann hast du das letzte Mal deiner Freude lautstark und "unreguliert" freien Lauf gelassen?

Wann hast du die Arme in die Luft geworfen, geschrien, bist in die Luft gesprungen und hast aus vollem Hals gejubelt? Vor 1 Jahr, vor 10 Jahren, vor 20 Jahren?

Wir haben gelernt unsere Freude und unsere Wut angemessen und "sozialverträglich" nach außen zu transportieren. Bloß nicht auffallen! Das geschieht schon ganz automatisch, aber der Preis, den wir dafür zahlen ist hoch.

Seine Gefühle zu verstecken kostet jede Menge Kraft und negative Disziplin. Emotionen in sich hineinzufressen ist Hochleistungsarbeit für unser Gehirn.

Als Kind lernen wir, unsere Impulsivität zu unterdrücken und als Erwachsene lehrt uns die Psychotherapie, mit sogenannten Schrei-Therapien, unsere verschütteten Gefühle wiederzubeleben.

Fehlt dir jegliche Strategie im Umgang mit deinen Emotionen, wirst du angespannt sein, schnell wütend, unsicher und deine Reizschwelle ist sehr niedrig. Deine Emotionen bewusst zu erkennen, zu

benennen und dann, ohne impulsive Unterdrückung
zu steuern, gibt dir Sicherheit und Gelassenheit, auch
in herausfordernden Situationen, die Kontrolle zu
behalten.

Spirituelle Depressionen erkennen

Vielleicht bist du ein besonders einfühlsamer
Mensch, der durch jahrelange seelische
Misshandlung ein Mangelbewusstsein für Liebe
entwickelt hat. Es ist nur natürlich, dass du dich
aufgrund dieser schlechten Erfahrungen schützen
willst. Vielleicht hast du deinen Körper zum
Instrument deiner Seele gemacht. Je mehr deine
Seele an Belastungen zu tragen hat, desto
antriebsloser und müder fühlst du dich.

Alles ist Energie. Deine Gedanken und deine
Gefühle. Auch deine Probleme sind Energie, die sich
in psychosomatische Erkrankungen transformieren
können. Z.B. in Rückenschmerzen, Kopfschmerzen,
Magenprobleme, Verdauungsprobleme,
Schlafstörungen usw.

Auch Selbstschutz Energien können sich in Form
von Schmerzen und anderen Beschwerden
manifestieren.

Trägst du vielleicht sogar fremde Energien? Kannst du dich von den Schwierigkeiten eines anderen Menschen nicht abgrenzen und trägst sie mit? Bist du in die Probleme eines anderen so stark involviert, dass dich diese Probleme herunterziehen?

Auf jeden Fall ist dein Körper die Summe aller seelischen Erlebnisse.

Wenn du spirituellen Hunger mit der falschen Medizin behandelst, kommt deine Psyche aus dem Gleichgewicht.

Bei einer Überdosierung der falschen Mittel kannst du sogar krank werden. Wir können fehlende Liebe nicht mit kostbarem Schmuck, fehlende Geborgenheit und Wärme nicht mit schicker Kleidung und mangelnde Selbstliebe nicht mit einem teuren Auto kompensieren. Das alles ist, wie ein Pflaster über eine Wunde kleben.

Möchtest du nicht das wahrhaft glückliche Gefühl spüren, dass immer dann auftritt, wenn du spürst, dass du genau richtig für dich entschieden hast und das richtige tust! Die echte Liebe und Anerkennung erleben, die jeder von uns braucht!?

Wenn du unzufrieden in deinem Leben bist, dreht sich dein Alltag um die Dinge, die dir gegen den Strich gehen, statt um positive Veränderungen. Deine Lebensfreude ist gedämpft und du

entscheidest nicht mehr unbeschwert und spontan.
Vielleicht hast du sogar schon deine natürlichen
Instinkte unterdrückt und spürst gar nicht mehr, was
echtes pures Glück bedeutet. Vielleicht bestimmst du
nicht mehr selbst, wie du deine Bedürfnisse
befriedigen kannst. Vielleicht kannst du dich durch
diese permanente Verdrängung gar nicht mehr auf
deine Emotionen verlassen und hast akzeptiert, dass
andere das Ruder deines Lebensschiffes
übernommen haben. Vielleicht hast du dich aus
Angst an die täglichen Reglementierungen gewöhnt.
Vielleicht hörst du auf die anderen, die dir sagen,
was schlimmes passieren wird, wenn du dich nicht
an die Regeln hältst.

Aber tief in deinem Herzen weißt du genau, was gut
für dich ist. Deshalb ist deine innere Rebellion
absolut okay! Das ist nur natürlich und die beste
Reaktion! Je enger die Ketten sind, die andere uns
angelegt haben, desto mehr wollen wir nur noch
eins: frei sein!

Dazu gehört, dass du dir eine starke Nein-
Kompetenz antrainierst. Nein zu sagen bedeutet,
dich selbst ernst zu nehmen und darauf zu achten,
was DU SELBER brauchst!

Besonders in unguten Beziehung verstärkt ein
ungewolltes Ja das Chaos und die Probleme. Ein Ja
ist hier Energie und Zeitverschwendung. Zeit, die du

besser dazu nutzen solltest, dein neues Leben aufzubauen und einen Partner zu finden, der dich respektiert und liebevoll behandelt. Was ist wichtiger: Der Partner, der dich schlecht behandelt oder dein eigenes Leben!?

Trennen und loslassen heißt das Rezept, um wieder frei und glücklich zu werden und zwar genau in dieser Reihenfolge.

Prinzessin Diana

Menschen mit Herzenswärme haben ein ganz besonderes Charisma und wirken auf andere sehr anziehen. Oft werden besonders sensible Frauen, mit starken Gefühlen von Männern schlecht behandelt.

Deshalb sollte jeder Mensch, besonders in einer ungesunden Beziehung, Selbstmitgefühl und Selbstliebe auf seine eigenen Probleme übertragen. Benutze dafür die Dankbarkeit. Dankbar zu sein für deine besonderen Eigenschaften, für deine Empathie für andere Menschen, für deine Freundinnen und vieles mehr. Du weißt am besten, welche guten und heilsamen Talente in dir schlummern. Horche einfach in dich hinein. Dankbarkeit kann wahre Wunder bewirken.

Für jede Situation im Leben können wir einen Grund
finden zu jammern oder dankbar zu sein.
Dankbarkeit hat nachweislich einen positiven Effekt
auf unsere Gesundheit ,also unseren Körper und
damit auch auf deine Psyche.

Selbstmitgefühl und Dankbarkeits-Übung

Komm lass uns gleich eine Mitgefühl-
Dankbarkeitsübung versuchen. Es ist ganz einfach:

❖ Setz dich entspannt hin und schließe die Augen.
Fühle die Gegenwart und finde Ruhe, indem du
dich auf einige Atemzüge ein und aus
konzentrierst. Wähle nun einen Lebensbereich
z.B. eine besondere menschliche Beziehung,
deine Gesundheit, materielle Güter oder deine
persönlichen Talente. Gib deinem Geist nun Zeit
und Ruhe darüber nachzudenken und
Dankbarkeit zu fühlen. Wahre, echte Dankbarkeit
in Wärme und Glücksgefühlen. Lasse diese
Gefühle mit deinem vollen Herzen zu. Spüre die

Geborgenheit und die Liebe, die dir das
Universum schenkt.
Nimm eines deiner besonderen Talente und
wandere damit zu deinem Herz. Spüre wie dein
Herz dieses Geschenk annimmt und beginnt, wie
eine Sonne zu strahlen und wie eine wunderbare
Blume zu duften. Spüre nun, wie deine
Dankbarkeit deinen ganzen Herzraum mit bunten
Farben und Düfte durchströmt. Bade in der Fülle!
Sprich nun mit deiner inneren Stimme folgende
Sätze:

- ❖ Möge ich glücklich sein.
- ❖ Möge ich mich sicher und geborgen fühlen.
- ❖ Möge ich gesund sein.
- ❖ Möge ich unbeschwert in meinem Herzen ein
  neues Leben beginnen.

Alle Menschen möchten heil und glücklich sein

Mindestens in einer Sache sind alle Menschen
gleich: jeder möchte glücklich und frei sein. Für
jeden Menschen gibt es nur zwei Dinge, die er sich
am Ende des Tages wünscht und die sind : Glücklich

zu sein und Leiden zu vermeiden. Nicht mehr und nicht weniger!

Auch böse und aggressive Menschen wollen im Grunde nur das. Wenn auch auf dysfunktionale Art und Weise.

Welche Formen das Glück hat, ist für jeden Menschen unterschiedlich und abhängig von seinen Lebenserfahrungen. Für den altgewordenen Weisen ist Glück, schlicht und ergreifend, die Abwesenheit von Unglück.

Du hast das Recht, dich von toxischen Menschen zu distanzieren, aber finde trotzdem in deinem Herzen Gnade für sie. So kannst du mit schlechten, unglücklichen Menschen ruhig und souverän umgehen.

Entrümpeln, Trennen, Loslassen

Zunächst ist es wichtig, dass du ganz ehrlich bereit bist, in deinem Leben konsequent " aufzuräumen"! Zu entrümpeln, was dich kaputt macht und die wichtigste Frage lautet hier: Ist es Liebe oder nicht? Das ist die Kardinalfrage!

Tut mir dieser Mensch gut oder nicht. Kann ich diesem Menschen vertrauen oder will er nichts Gutes für mich? Ist dieser Mensch selbstsüchtig und rücksichtslos und warum gebe ich mich überhaupt noch mit ihm ab? Wäre mein Leben glücklicher und unbeschwerter ohne diesen Menschen? Bin ich bereit den Preis für meine Freiheit zu zahlen und wie sieht dieser Preis aus?

Mit jedem Menschen teilst du ein Stück deiner Lebenszeit. Du gibst also einen Teil von deinem Leben ab. Dieser Mensch, dem du deine wertvolle Lebenszeit schenkst, sollte ein wahrhaft echter Freund/ Partner sein. Menschen, die dich mies behandeln oder die versuchen, dich zu verbiegen, stehlen dir diese wertvolle Zeit! Hier kann es nur heißen: Und Tschüss!

Wichtig ist, dass du alle Fragen offen für dich beantwortest und bereit bist, hier Veränderungen zu schaffen. Auch unter der Prämisse, dass die eine oder andere Trennung schmerzhaft sein wird, weil du die Täuschung erkannt hast oder die falschen Gewohnheit loslassen konntest.

Mach einen Schlussstrich unter alles, was sich für dich FALSCH ANFÜHLT, auch wenn dein Verstand etwas anderes sagt. Hör auf deine Intuition. Definiere dich nicht über Leistung. Versuche nicht andere zu beeindrucken und überfordere dich nicht. Tu dir nicht selbst weh, indem du über deine Grenzen gehst und dich strapazierst!

Trennen und loslassen! Diese Veränderung bewirkt eine sofortige Verbesserung für dein Leben. Du spürst sofort eine Erleichterung. Du wirst das Gefühl haben, dich aus einem Sumpf befreit zu haben. Der Aufstieg in helle und bunte Gefilde, mit Liebe und Lebensfreude kann beginnen!

Warum fällt uns loslassen so schwer

Oft werde ich in meinen Therapiestunden gefragt, warum es eigentlich so schwer ist, das was uns runter drückt und klein macht loszulassen. Eigentlich müsste es uns doch ganz leicht fallen, uns von Menschen und Dingen zu trennen, die uns schaden. Warum halten wir an Miesmachern , Egoisten und Leuten fest, die uns Knüppel zwischen die Beine werfen? Die Antwort darauf lautet:

Es kommt darauf an, was wir aus unserer Kindheit gewohnt sind. Welche roten Knöpfe werden in bestimmten Situationen gedrückt und manipulieren uns!? Wovor haben wir Angst? Was verstecken wir vor anderen?

Wer als Kind permanent ausgeschimpft wurde und unter Druck gelebt hat, wird sich auch als Erwachsener ein ähnliches Lebensprofil installieren. Es sind nicht immer nur die Anderen, die uns runter machen, wir sind es auch selbst mit unserem "Kinderprogramm".

Wem als Kind das Gefühl gegeben wurde, nichts wert zu sein oder ein Versager zu sein, verliert das gute Gefühl für sich selbst und kann sich nicht mehr selbst lieb haben. So sabotieren wir uns selbst und lassen es zu, dass andere uns nieder reden und das gleiche Gefühl in uns hochholen, das wir in der Kindheit hatten. Wir fühlen uns klein und wertlos, aber schaffen es nicht, uns davon zu trennen, weil es wie der passende "Kinderschuh von Cinderella" zu unserem Leben passt.

So entstehen auch unsere Selbstzweifel.

Wie können wir uns selbst lieben, mit so vielen Schwächen und Fehlern!? Wie können wir uns bedingungslos selbst lieben, wo wir doch in unserer Kindheit einen Drill, eine Maßregelung, eine Belehrung nach der anderen über uns ergehen lassen mussten. Vielleicht sogar geschlagen wurden und nur wenig Liebe von unseren Eltern bekommen haben.

Wir sind es gewohnt, dass andere für uns die Entscheidungen treffen, dass andere uns sagen, was gut für uns ist und was nicht, was wir richtig machen und was falsch. Diese Verunsicherung und die fehlende Anerkennung färben unser Erwachsensein.

Wir trauen uns viele Dinge nicht zu und wissen eigentlich gar nicht, wer wir wirklich sind. Das kann uns verunsichern und ängstlich machen.

Komplexe überwinden

Was macht einen Menschen sympathisch und liebenswert? Mit Sicherheit nicht seine Pingeligkeit und sein kleinkarierter Perfektionismus. Bestimmt nicht seine Besserwisserei und Selbstverliebtheit. Bestimmt nicht ein besonders gutes Aussehen, wenn der Mensch kaltherzig, ignorant und rücksichtslos ist. Oft versuchen Menschen ihre Mängel und Fehler zu überspielen und zwar mit unechten Übertreibungen ins Gegenteil.

Wenn du vor dir und deiner Umwelt Schwächen und Fehler versteckst, wirst du das Gefühl haben, ständig auf der Flucht zu sein. Du lebst ein Leben in Stress und hast Angst, irgendwann aufzufliegen.

Es hört sich ja immer leicht an, wenn jemand sagt, man soll sich so akzeptieren wie man ist. Es gibt Schwächen, die kann man nicht einfach so wegstecken, aber man kann sie umwandeln nach dem Motto: nicht die Tatsachen sind wichtig, sondern die Einstellung, die man zu den Tatsachen hat.

Das Sorgen und Grübel-Karussell lässt sich mit folgenden Kardinalfragen und Antworten stoppen: Was kann ich an mir nicht ändern? Was möchte ich und kann ich an mir ändern? Was kann ich später ändern und was kann ich jetzt ändern?

Du kannst deinen Eltern, dem Schicksal oder dem Karma die Schuld geben. Okay, aber das heißt nicht, dass du nicht pro-aktiv dein Bestes geben kannst, um einen Fakt, der dir nicht gefällt, den du aber ändern kannst, auch zu ändern.

Selbstmitleid oder sich selbst runter zu machen bringt überhaupt nichts.

Bitte beantworte jetzt diese Fragen: Was kann ich ändern und was kann ich nicht ändern und : Was möchte ich sofort ändern und welchen Plan kann ich ad hoc in die Tat umsetzen.

Sobald du bewusst aktiv wirst, fühlst du eine Macht von innen heraus und diese Macht, dieses Bewusstsein gibt dir große Power, dein Vorhaben zu verwirklichen.

Nimm Dir Macht

Durchforste dein Gedächtnis und suche die Musik, die du magst und die dir große Energie gibt. Du kannst diese Power-Musik auf der Musikanlage abspielen oder innerlich abrufen. Wichtig ist, dass es Musik aus deiner Vergangenheit oder aus deinem aktuellen Leben ist, die eine sehr starke Wirkung auf dich hat. Musik, mit der du machtvolle und glückliche Erlebnisse verbindest! Das Lieblingslied deiner ersten Liebe, der Sommerhit eines besonders schönen Urlaubs.

Hole diese kraftvollen Bilder wieder in dir hoch und bade in den wunderbaren Gefühlen. Fühlst du, wie das Glück und der Stolz dir Macht verleihen.

Verbinde diese Kraft mit neuen Glaubenssätzen, die eine starke Motivation in dein Leben bringen!

Achte auf deine inneren Dialoge! 80% unserer Tageszeit verbringen wir mit Selbstgesprächen. Versuche immer öfter deine Gedanken bewusst wahr zu nehmen, denn deine Gedanken sind der erste Schritt in dein neues, freies Leben. Deshalb lasse dich nicht von negativen Gedanken auf deinem Weg behindern. Schlechte Anschauungen schwächen dich und stoppen dich, mächtiger und stärker zu werden.

Halte den Gedankenstrom an!

Lerne einige wenige Power-Sätze , die du sofort laut oder in Gedanken sagst. Diese Power-Worte geben dir eine kraftvolle Motivation und mächtige Impulse für eine echte Veränderung in deinem Leben. Mit diesen Worten programmierst du dein Gehirn für positive Dimensionen. Sobald dir diese Sätze in Fleisch und Blut übergegangen sind, wird diese mächtige Gewohnheit dein Leben magisch beeinflussen. Immer dann, wenn Sätze in deinen Geist poppen, die dir die Kraft für deine guten Vorhaben rauben, ersetze diese unheilvollen Gedanken mit diesen Kraftsätzen:

> Ich gibt keine Misserfolge, nur Chancen immer besser zu werden.
> Ich kann die Außenwelt nicht kontrollieren, aber meine Reaktion darauf.
> Ich kann meinen Geist trainieren, wie einen Muskel.
> Alles hängt von der emotionalen Zufuhrquelle für meinen Willen ab.
> Es gibt keine Grenzen in meinem Geist.
> Macht ist nicht etwas, das man besitzt. Es ist etwas, dass ich mir zu jeder Zeit nehmen kann!
> Ich trage die alleinige Verantwortung für mein Leben und kann mit meiner Macht echte Veränderungen bewirken!
> Es ist sehr wichtig, dass du dir diese Sätze einprägst und die Wiederholung zur Gewohnheit machst, denn unser Gehirn kann

nicht zwischen erfundenen Ereignissen und der Realität unterscheiden!!!
Es ist für dein Gehirn nur wichtig, dass du deine positive Erlebniswelt so intensiv wie möglich fühlst und in dem Gefühl brennst. Musik ist ein großer Gefühlsverstärker!
Diese Wiederholung, als Dauerschleife, wird dein Gehirn auf Erfolg und glückliche Veränderung programmieren.

So bekommst du Macht und die Impulse, die du brauchst! Diese Impulse festzuhalten und zu benutzen liegt an dir!

Warum fühlen wir uns anderen unterlegen und wie kannst du damit aufhören?

Sich anderen unterlegen zu fühlen, ist reine Selbstzerfleischung und sonst nichts.

Sich mit Beyonce oder Elon Musk zu vergleichen ist der sichere Startschuss ins Unglück.

Sich mit anderen zu vergleichen ist nicht nur sozial bedingt, sondern liegt auch in unserer Natur. Wir leben in einem straffen gesellschaftlichen Gefüge, in der Erfolg wichtig ist und deshalb agieren wir immer in der stillen Hoffnung, mit einer klügeren Wahl, einem anderen "einen Schritt voraus" zu sein. Dieser Druck begleitet uns täglich.

Im Grunde sind es immer wieder ähnliche Vergleiche, nämlich die zum Thema: Wohlstand.

Die Menschen in unserer Gesellschaft streben nach immer mehr. Reicher, schöner, schneller, besser und nie kommt diese Spirale zu Stillstand. Wenn wir einen neuen, besseren Level erreicht haben, halten wir Ausschau nach dem nächsten. Noch ein paar Stufen auf der Leiter nach oben. Wir vergleichen uns nicht mit Personen, die unter unserem Standard leben, sondern immer mit denen über uns. So läuft uns das Glück immer davon. Uneinholbar, denn es wird immer Etwas schöneres und besseres auf der Welt geben.

Die Lösung lautet: Vergleiche dich mit dir selbst. Wie hast du dich in den letzten 12 Monaten entwickelt? Was hast du dazu gelernt? Welche Lebenserfahrung hat dich zufriedener gemacht?

Sei stolz auf dich und deine Entwicklung, auch, wenn sie nur in vielen kleinen Schritten weiter gekommen ist. Auch die geringste Herausforderung, die du gemeistert hast, stärkt deine Persönlichkeit von innen und gibt dir Kraft.

Dein Gehirn vergleicht stets deine jetzigen Erfahrungen mit Erlebnissen und Erfahrungen aus der Vergangenheit oder mit Erfahrungen von anderen, sowie mit Vorstellungen unserer selbst entworfenen Wünsche, Ziele und Ideale. Reiz und Reaktion wechselt sich ab.

Wenn du einmal inne hältst , zwischen Reizüberflutung, wünschen, wollen und reagieren, entsteht eine Pause, ein Durchatmen und in dieser Pause hast du jedes mal die Wahl und Chance , anders zu agieren, als die tausend Male zuvor.

Ist das nicht ein wunderschönes und freies Gefühl! Die Kontrolle darüber zu haben, dir neue Reaktion auf die unterschiedlichen Motive aus deiner Umwelt auszusuchen und anzutrainieren! Aus der Pralinenschachtel deiner Wünsche und Ziele auszuwählen, was du möchtest. DU MÖCHTEST!

So befreist du dich aus dem Hamsterrad deiner Gewohnheiten und Ängste. Drücke die Stopp-Taste, jetzt!

Gewohnheiten und die Stimme der Kindheit

Minderwertigkeitsgefühle schüren den Selbstzweifel und der Selbstzweifel ist Selbstsabotage, die wiederrum Angstgefühle in deinen Geist pflanzt. Diese Angst macht dich unberechenbar und schwach und du kannst dich nicht mehr auf dein Selbstvertrauen verlassen. Du läufst Gefahr, zu hart mit dir ins Gericht zu gehen und dich zu beschimpfen und fertig zu machen. Dieses "sich selbst niedermachen" ist das Resultat von Minderwertigkeitsgefühlen, die dir vielleicht in deiner Kindheit indoktriniert wurden. Achte mal darauf, denn die kritische Stimme in dir, wird dir oft genau nur das sagen, was du schon als Kind gehört hast.

Selbst wenn du dich mit Leuten vergleichst und besser abschneidest als sie, kann dich das nicht wirklich mit echtem, wahren Glück erfüllen, sondern dir nur ein Überlegenheitsgefühl geben. Wie fühlt es sich an, überlegen zu sein? Warm oder kalt?

Du bekommst mit den einfachen Übungen, die ich dir an die Hand geben, Kontrolle darüber, dir neue Reaktionen auf die unterschiedlichen Lebenssituationen auszusuchen und anzueignen. So

bist du nicht länger Sklave deiner Gewohnheiten und
der Stimme aus deiner Kindheit, sondern bestimmst
selbst.

Selbstzweifel

Schlechte Gedanken verändern deine Gefühle zum
Negativen. Pessimistische Gedanken kommen einer
Gefahrensituation und realen Attacken des täglichen
Lebens gleich und deshalb schüttet dein Körper
Stresshormone aus, denn unser Gehirn kann in
solchen Momenten des inneren Zwiegesprächs nicht
unterscheiden, ob diese Konversationen in
Wirklichkeit stattfinden oder nicht. Diese inneren
Attacken, die du gegen dich selbst führst, haben also
körperliche Auswirkungen. Auch in deiner
Körpersprache. Unser Gehirn filtert die Ereignisse in
der Umgebung, um schneller auf Gefahren reagieren
zu können.

Selbstzweifel und Angst stürzen dich in
Ungewissheit und das Gefühl Ungewissheit ertragen
zu müssen ist die reine Hölle. Aus diesem Gefühl
heraus neigst du dazu, "Schnellschlüsse" zu ziehen
und falsche Entscheidungen zu treffen. All das
beeinflusst dein Selbstwertgefühl und dein
Selbstvertrauen. Das Gefühl der Kraft und

Hilflosigkeit wirkt sich auf deine Gesundheit aus und auf deinen Hormonhaushalt.

Selbstkritik

Aus Fehlern lernen wir bekanntlich mehr, als aus Erfolgen. Trotzdem sind wir von Kindesbeinen an darauf trainiert, keine Fehler zu machen. Wir schämen uns für Fehler und assoziieren sie mit Versagen und schlechten Gefühlen. Wenn du deine Fehler konstruktiv und kritisch beleuchtest, kannst du viel davon herausholen und für deine Entwicklung nutzen.

Bist du als Kind für Fehler nicht bestraft worden, sondern ermutigt, daraus zu lernen, wirst du auch heute als Erwachsener toleranter mit dir umgehen.

Neigst du dazu, dich selbst zu bestrafen, weil du es so gewohnt warst, wird dieser hässliche innere Dialog auch körperliche Reaktionen zur Folge haben, nämlich eine Kampf und Fluchtreflex.

Dein Körper schüttet Stresshormone aus und dein Puls und Atem wird schneller und das alles geschieht nur aufgrund dessen, dass du dich selbst kaputt machst.

Mit Selbstzweifeln sabotierst du dich. Du machst dein Selbstvertrauen nieder und bringst dich um deinen wohlverdienten Erfolg.

Sportler benutzen eine gute Strategie, um dem entgegenzuwirken. Sobald du spürst, dass ein negativer Gedanke in dir hochkommt, denkst du sofort das Wort: Stopp. Sprich in Gedanken mehrmals einige Powersätze wie z.B.: Ich kann das. Ich schaffe das ganz sicher. Ich habe schon so viel in meinem Leben geschafft. Das schaffe ich auch noch. Jetzt oder nie!

Ja öfter du das wiederholst, desto schneller und automatischer wirst du in der nächsten kritischen Situation davon profitieren. Ängste und Zweifel werden so keine Chance mehr haben, dich zu manipulieren.

Selbstdisziplin

Das beste Buch, mit den besten Methoden und Strategien nützt dir herzlich wenig, wenn du es dabei belässt, nur zu lesen. Du wirst dein Leben niemals zum Guten verändern, wenn du nichts dafür tust. Z.B. nicht in Aktion kommst, weil du zu viel Zeit in endlose Planungen investierst und aus Angst davor,

Fehler zu machen, nicht in die Gänge kommst. Es gibt keine Ausreden mehr, jetzt nicht anzufangen.

Wenn du dich von einem unschönen Leben ohne Liebe trennen möchtest, wirst du viele Dinge zum ersten Mal tun. Deshalb sind Fehler völlig okay! Besser ängstlich anzufangen, als gar nicht. Besser zu stolpern und wieder in die Spur zu kommen, als von vornherein einfach liegen zu bleiben.

Es gelingt niemandem auf der Welt, perfekt alles durchzuplanen, außerdem würde dich das unflexibel machen und blind für neue Wendungen, Ideen und Möglichkeiten, die sich auf deinem Weg spontan ergeben. Überlege dir stattdessen, welche Aufgaben die größte Auswirkung auf dein neues Ziel haben. Oft ist das Wichtigste auch zugleich das Unangenehmste. Deshalb lerne Prioritäten zu setzen und realistisch zu bleiben. Damit vermeidest du Frustrationen.

Aus Angst und Unsicherheit neigen viele Menschen zur Selbsttäuschung und rechtfertigen ihr Nicht-Handel mit Ausflüchten. Das bringt dich keinen Schritt weiter, sondern du verzögerst nur die Erfüllung deines schönen großen Traumes. Wenn du trotzdem nicht auf deine eine Million Ausreden verzichten möchtest, okay, dann fängst du eben mit einer Million Ausreden an. Hauptsache du fängst an.

Selbstdisziplin ist von großer Wichtigkeit für eine Kardinaltugend die da lautet: Geduld.

Dein neues Leben fällt nicht über Nacht vom Himmel, sondern ein neues Ziel ist immer ein Prozess und Prozesse brauchen ein wenig Zeit.

Hattest du als Kind einen Lego-Baukasten? Dann wirst du dich bestimmt daran erinnern, dass das Aufbauen viel Spaß gemacht hat, genauso viel Spaß wie mit dem fertigen Teil zu spielen.

Als ich angefangen habe dieses Buch zu schreiben, war ich aufgeregt und voller Tatendrang. Nach ungefähr sechs Wochen bekam ich eine Mandelentzündung und musste mich für einige Tage mit Antibiotika ins Bett legen. Das hat natürlich meine Lust zu schreiben geblockt und nach meiner Genesung konnte ich irgendwie nicht wieder richtig einen Anfang finden. Ich war körperlich und geistig träge, bis mir einige Tage später, wie aus dem Nichts ein Thema zuflog, von dem ich so begeistert war, dass ich sofort wieder mit großem Elan und Spaß, mit dem Schreiben weiter gemacht habe.

Sobald sich ein Etappenerfolg eingestellt hat, wirst du die Dinge tun, die notwendig sind, um deine Ziele zu erreichen.

Du musst dich nicht von dem trennen, was dich
kaputt macht. Du musst nicht loslassen, was keine
Liebe ist. DU WILLST!

Gedankenexperiment!

Bist du nachts schon einmal mit einem Albtraum
schweißgebadet und mit Herzrasen aufgewacht?
Hast du dir selbst gesagt: das war nur ein Traum,
aber dein Gehirn und dein Körper haben auf diese
Bilder in deinem Kopf reagiert, als wären sie real.

Deshalb denke nicht, dass es banal und albern ist,
wenn ich dich bitte:

Schließe die Augen und erinnere dich an ein
wunderbar süßes und kühles Karamell-
Schokoladeneis, summe im Kopf dein Lieblingslied,
erinnere dich an dein schönstes Sexerlebnis , stell dir
vor, wie du schlank und glücklich, in einem knappen
Bikini, im Sommer an einem herrlichen Strand
spazieren gehst und die Männer dich anschauen.

Was hast du erlebt?

Hast du die unterschiedlichen Gefühle gespürt und
die daraus resultierenden körperlichen Reaktionen?

Je intensiver du in der Entspannung diese Sinneseindrücke zulässt, desto realer werden sie. Dein Gehirn kann immer weniger zwischen Realität und Vorstellung unterscheiden und bringt die selben Reaktionen hoch, als wenn es tatsächlich passiert wäre!!!!

Dadurch, dass dein Gehirn nicht weiß, ob du dir die glücklichen Erlebnisse nur vorstellst oder ob sie wirklich passiert sind, kannst du deine Festplatte im Gehirn programmieren. Auf Glück, Liebe und dein Idealleben. Je öfter du das machst, desto schneller setzt du einen Schneeballeffekt in Gang.

Deiner Vorstellungskraft sind keine Grenzen gesetzt. Du entscheidest, was möglich ist. Dein Körper folgt deinem Geist! Deinem "glücklichen" Geisteszustand folgt ein glückliches Leben. Das sind die universellen Gesetze!

Wenn du die Wirkprinzipien des Geistes verstanden hast und diese sichere Technik anwendest, wirst du nie mehr dem Schein von Äußerlichkeiten verfallen und verbissen kämpfen.

Du reinigst mit dieser Technik dein Unterbewusstsein und bist der Bauherr deiner Gegenwart und Zukunft.

Der Kern deines Geistes ich nicht HABEN, sondern SEIN. Du bist glücklich… und nicht du hast Glück.

Du bist empathisch. . . . und nicht du hast Gefühle
für jemanden. Verstehst du? Es ist ganz wichtig, dass
du das verstehst!!!

Selbstschutz!

Der beste Selbstschutz ist im Idealfall die
Bauchgefühl-Stimme, die alle Erfahrungen
abgespeichert hat und dir in Gefahrensituationen zur
Seite springt. Diese Bauchgefühlstimme kann aber
nicht erkennen, dass du erwachsen geworden bist
und gibt dir also auch die Erfahrungen deiner
Kindheit wieder.

Durch eine schwierige Kindheit kannst du dich also
nicht hundertprozentig auf deine Bauchgefühl-
Stimme verlassen. Die Impulse deiner Intuition
dagegen kommen aus deinem Herzen und sind das
Urwissen deiner Emotionen.

Auf diesem Kompass kannst du vertrauen. Wenn
deine Intuition den Selbstschutz vor Gefahren
aktiviert, zeigt sie dir den richtigen Weg. Deshalb
lasse Kontakte los, die dir nicht gut tun.

Spürst du eine Erleichterung bei der Vorstellung,
dass diese oder jene Person eine sehr lange Reise
macht und du sie für lange Zeit nicht sehen wirst?
Dann ist das ein untrügliches Zeichen, dich von

diesen Menschen zu verabschieden. Wenn du erkennst, dass andere Menschen nur die Auslöser für deine Gefühle sind , aber du die Verantwortlichkeit für deine Gefühle trägst und und sie in Wahrheit aus deinem tiefsten Inneren kommen, werden diese Auslöser dir wertvolle Botschaften überbringen.

Erkenne, dass deine Gefühle dich auf deine Wünsche hinweisen. Welchen Wunsch hast du bei welcher Emotion? Schau genau hin. Fühl genau hin.

Sobald du gelernt hast, deine Emotionen zu beeinflussen, kannst du das Drama aus deinem Gefühlsleben nehmen.

Ich bin dein Mentor und zeige dir Wege, wie du Grenzen setzen kannst und Nein sagen lernst. Dein Mitgefühl für andere Menschen ist wunderbar und lobenswert, aber du darfst dich dabei nicht auspowern lassen und selbst auf der Strecke bleiben. Vielleicht hast du nicht gelernt Grenzen zu setzen, weil dir deine Eltern und Lehrer in deiner Kindheit ,mit aggressiven Grenzüberschreitungen und dominanten Erziehungsmethoden diesen positiven Selbstschutz beschädigt haben. So, wie du als Kind Angst hattest, traust du dich auch heute nicht, nein zu sagen.

Vielleicht hast du jetzt endgültig die Nase voll wie ferngesteuert zu leben.

Nein zu sagen, in Wohlwollen und Liebe, hat nichts mit Egoismus und Rücksichtslosigkeit zu tun. Im Gegenteil. Du wirst von anderen Menschen vielmehr respektiert, wenn du offen und ehrlich deine Bedürfnisse äußerst. Besonders egozentrische Energievampire nutzen empathische Menschen aus. Du hast nicht nur das Recht dich davor zu schützen, sondern sogar die Pflicht. Eigenverantwortlich sein Leben in die Hand zu nehmen bedeutet, auch die Verantwortung für alle Konsequenzen zu übernehmen und deshalb bedeutet Nein-Sagen verantwortungsvoll zu handeln.

Frieden im Kopf.

Du kennst bestimmt das Gefühl ,dass du an manchen Tagen gar nicht runter kommst und die kleinste Kleinigkeit dich nervt. Ich mache dann gerne die, wie ich es nenne "müssen muss ich gar nichts" Mental-Reise. Bei dieser Übung erlaubst du dir selbst, die Stimme auszuschalten, die dir ständig sagt, dass du noch mehr tun musst, dass du noch besser werden musst, dass du noch bestimmte Leistungen erbringen musst.

Ich mache diese Übung immer abends, wenn ich schon im Bett liege. Ich lege mich entspannt auf den Rücken und spreche in Gedanken folgende Worte:

"Mein Körper wird weicher und leichter. Ich bin gut so, wie ich bin. Ich bin in der Gegenwart. Ich bin wie ich bin. Ich muss gar nichts. Ich bin einfach hier. Ich bin in einem Ozean des Friedens. Ich vertraue dem Leben und meinem Schicksal. Die Antworten auf alle Fragen ergeben sich von alleine. Ich kämpfe nicht mehr. Ich höre auf die Stimme meiner Intuition. Diese Stimme ist das Gute, das Schöne und will immer das Beste für mich. Alles wird gut, ohne zu ringen und zu streiten. Alles entfaltet sich richtig zu seiner Zeit. Ich bin ruhig. Alles wird gut. In Frieden und im Glück."

Oft schlafe ich dann am Ende dieser Übung sanft und warm ein. Jede Übung , die dir Harmonie und Frieden schenkt, ist gut auf deinem Weg in die Freiheit. Alles, was der Produktion von Stresshormonen entgegenwirkt, ist hilfreich. Du kannst auch deine eigenen schönen Fantasiereisen schreiben. Formuliere den Text einfach auf dein Thema um.

Erfahrungen umdrehen!

Stell dir einmal vor, wie viele Menschen genau in diesem Moment, irgendwo auf dieser Erde, die gleichen Probleme haben wie du und vor den gleichen Herausforderungen stehen. Macht dich der

Gedanke an deine Veränderungen ängstlich,
ärgerlich oder vielleicht niedergeschlagen, dann
sollten wir als erstes versuchen diese unguten
Gefühle zu neutralisieren, sprich unschädlich zu
machen.

Du weißt jetzt ja schon, dass dir von Kindesbeinen
an beigebracht wurde, deine Gefühle in Schach zu
halten. Wie bist du als Kind ermahnt oder sogar
bestraft worden, wenn du einmal deinen Gefühlen
freien Lauf gelassen hast. Besonders negative
Gefühle durftest du nicht zeigen. Wie oft hast du
innerlich geblutet, wenn du gedemütigt worden bist.
Wie oft hast du eine Faust in der Tasche gemacht
und dich nicht getraut deine schlechten Gefühle zu
zeigen, indem du dich gewehrt hast. Du hast gelernt
dich zu verstellen. Je mehr du dich verstellen
musstest, desto dringender musstest du andere Wege
finden, mit den Gefühlen klarzukommen.

Mach dir deshalb bitte folgendes bewusst: Es ist in
Ordnung, dass du alle Gefühle mitteilst und lebst.
Schlechte und gute Gefühle sind Teil unserer
menschlichen Erfahrung. Millionen andere
Menschen haben die gleiche Erfahrung gemacht wie
du. Wenn du ein schlechtes Gefühl hast, nimm das
Gefühl war. Verschiebe es nicht in andere
Problemschubladen. Gib deinen Gefühlen einen
Namen. Das macht sie greifbar und konkret und hilft

schlechte Gefühle zu entkräften. Gib deiner
Traurigkeit einen Namen und tröste sie. Gib deinem
Ärger einen Namen und sag ihm, er gehört zu dir.
Gib deiner Angst einen Namen und sage ihr, dass du
mutiger bist als sie. Gib deinen Schuldgefühlen
einen Namen und sage ihnen, dass du ihnen
verziehen hast. Gib deiner unglücklichen
Lebenssituation einen Namen und sage ihr , dass du
dich von ihr verabschiedest und sie dich nie mehr
wiedersehen wird.

Wisse, dass unsäglich viele Menschen bereits
ähnliches durchgemacht haben und wieder glücklich
im Leben stehen. Du bist nicht alleine. So löst du
deine Selbstzweifel und deine Selbstkritik auf. Du
gibst den schlechten Gefühlen keine Kraft mehr und
verwandelst sie in gute Gefühle. Du hast eine
Erfahrung umgedreht und dadurch deine Realität und
deine Herausforderungen neu geschrieben. Sage dir
täglich, dass das Schicksal einen wunderschönen
Plan für dich vorgesehen hat und etwas Besseres und
Schönes auf dich zukommt. So verbesserst du deine
aktuelle Lebensqualität und Gemütsverfassung. Du
hast die Macht und den Einfluss in deinem Leben
echte Veränderungen zu bewirken.

Dein mächtiger Fixstern

Was genau ist dein Ziel und was hält dich noch auf? Überlege dir genau, was du brauchst um deine Veränderung in die Tat umzusetzen. Formuliere dein Ziel nach Ort und Zeit. Es ist wichtig, dass du positive Formulierungen benutzt. Es ist wichtig, dass du die Erreichung deines Ziels nur von dir selbst abhängig machst und nicht von äußeren Bedingungen!!! Bitte merke dir das!!!

Wenn du also z.B. sagst: Mein Ziel ist es, dass mich mein Mann wieder so liebt, wie in unseren Flitterwochen, dann gibst du deine Macht ab und katapultierst dich in einen Wartezustand, in dem du auf Gedeih und Verderb ausgeliefert bist. Hör auf damit.

Vermeide diese Formulierungen, denn damit gibst du die Verantwortung ab und bist auf das Wohl und Wehe eines anderen angewiesen und abhängig davon, was der andere ist oder was er tut.

Denke immer daran, dass dein Ziel ein wahrer Herzenswunsch ist, denn sonst würdest du dir diese Sache nicht wünschen. Er entspricht deinen echten ethischen Werten und Bedürfnissen!

Es gibt nun zwei Möglichkeiten deinen Fixstern vom Himmel zu holen: Du wirfst eine Angelrute aus und zielst , mithilfe des Zufalls und der Philosophie " beim nächsten Mal klappt es bestimmt" oder du baust dir mit den Erfolgsmethoden, die du bis jetzt gelernt hast, eine stabile und sichere Leiter zu deinem Fixstern.

Dazu ist es von großem Vorteil, wenn du genau weißt, wo du hin willst und dein Ziel in allen Einzelheiten kennst.

Wer kann dir dabei helfen? Wie viel Geld brauchst du dazu? Welcher Schritt ist als erstes wichtig und innerhalb von 72 Stunden zu bewerkstelligen? Was kannst du finanziell, im sozialen und im spirituellen in den nächsten 3 Monaten schaffen und wo stehst du in einem Jahr?

Dein Plan lautet also: 72-3-1

Bitte schreib zu jeder Zahl einen verbindlichen Entwurf . Eine Programm, möglichst mit Datum. Es ist von großer Wichtigkeit, dass du deine Strategie in allen Einzelheiten und zeitlich festgelegt vor Augen hast und die absolute Disziplin aufbringst, dich genau daran zu halten. Es geht hier nicht darum, z.B. mal eben zwei oder drei Kilogramm abzunehmen, sondern es geht um dein neues Leben! Es geht um deine nächsten 50 Jahre!

Hast du dir schon Gedanken darüber gemacht, welche Veränderungen sich einstellen werden, wenn du dein Ziel erreicht hast? Gibt es Überraschung, die auf dich warten können? Gehe ganz sicher, dass du genau das bekommst, was du dir wünschst.

Verunsichere dich nicht selbst, indem du an dir zweifelst, nicht die Fähigkeiten, die Energie oder das Kleingeld zu haben, für deine Ziele. Das Allerwichtigste ist deine psychologische Stärke. Deine Power- Psyche bleibt, auch wenn die äußere Fassade mit materiellen Dingen fällt. Das, was du innen hast, kann dir niemand nehmen. Deine angeborenen Charakterstärken werden dir für immer bleiben und darüber hinaus kannst du dir die erprobten Eigenschaften aus vergangenen Erfahrungen abrufen.

Brauchst du z.B. für die Erreichung deines Ziels Mut und Durchhaltevermögen, dann stell dir bitte die Frage: wann war ich in meinem Leben schon einmal besonders mutig und standhaft? Mit Sicherheit wirst du dich an mehr als ein Erlebnis in deinem Leben erinnern, an dem du diese besonderen Eigenschaften erfolgreich eingesetzt hast. Suche gezielt nach Erfahrungen in deinem Leben, die dir nicht nur bestätigen, dass du diese Fähigkeiten besitzt, sondern die dir auch zeigen, dass du sie bereits erfolgreich ausgeführt hast.

Wenn du dir das alles überlegt hast, gibt es keinen Grund mehr zu warten. Dann bist du bereit, deinen Weg zu gehen.

Wenn du dir selbst ein Erfolgsversprechen gegeben hast, kannst du jetzt den ersten Schritt tun. Alles Notwendige wird sich dann entwickeln. Dein Fixstern ist klar und deutlich vor dir und leuchtet dir den Weg!

Wenn du dir bis hierher Zeit genommen hast, dieses Buch zu lesen und zu verinnerlichen, hast du die wichtigste Arbeit getan. Ich bin sicher, dass die Techniken und Hilfestellungen bereits jetzt einen beachtlichen Zuwachs an Selbstvertrauen und Selbstbewusstsein gebracht haben. Jetzt heißt es, deine Erkenntnisse und Herangehensweisen zu perfektionieren und erfolgreich in deinem Leben umzusetzen.

Du hast jetzt gelernt, wie du deine Emotionen steuern kannst, dein Selbstvertrauen stärkst und du besitzt einen genauen Plan , sodass du Schritt für Schritt, deine Authentizität entfalten kannst. Damit bekommst du täglich immer mehr magische Ausstrahlung und bewegst dich unaufhaltsam auf dein Ziel.

Mache nun mit mir ein kleines Experiment. Stell dir
für einige Minuten das Idealbild der Frau vor, die du
in absehbarer Zeit sein wirst:

Wie ist diese Frau gekleidet? Wo lebt diese Frau?
Wie spricht sie? Was sagt sie? Wie ist ihre
Körpersprache und Mimik? Welche Gesten und
welchen Charme hat sie? Lebt sie alleine oder mit
einem Mann? Wer ist dieser Mann?

Und nun ahme, so gut du kannst diese Frau in
Stimme, Mimik und Körpersprache nach. Freue dich
und bleibe für eine Zeitlang, solange du dich
wohlfühlst und dir diese Position Spaß macht, dabei.
Tue diese Übung nicht als Blödsinn ab! Sei gespannt
auf die Person, die sich vor deinen Augen
transformiert!

Dieses Experiment, soll dir eine Kettenreaktion
zeigen und zwar einen Gefühlszustand, den du zu
jeder Zeit wieder abrufen kannst. So oft du willst.
Bald wirst du diese Emotionen als "sicheren Hafen"
hervorrufen können. Du spielst ja keine Rolle,
sondern bist in deiner wahren Authentizität diese
Frau. Wie ist dieses Hochgefühl? Du hast mit deiner
natürlichen Vorstellungskraft die Frau authentisch
erschaffen, die du schon immer sein wolltest und tief
im Inneren schon immer warst.

Die magische Energie deines Atems

Schenke dir selbst das Gefühl zu 100% präsent zu sein und konzentriere deine Aufmerksamkeit auf dich selbst. So bekommst du ein feines Gespür für die Intensität deiner Stärken.

Unser aller Lebenselixier ist der Atem. Wissenschaftler haben festgestellt, dass bewusstes Atmen durch die Nase unser Gehirn für Emotionen besser trainiert. Eine kurze Atemmeditation, die nur eine Minute dauert, kann dir einen Zustand von innerer Ruhe und Gelassenheit geben. So kannst du für deine aktuelle Situation und deine Probleme, ohne Druck und Stress, mit Bedacht und Sorgfalt Entscheidungen treffen.

Überall wo du bist, kannst du diese Übung machen. Benutze diese kurze "geistige work- out" als Hilfe in stressigen Situationen. Atme einfach eine Minute lang bewusst durch die Nase ein und aus. Fange mit kurzen Zeiteinheiten von 10 Sekunden an, indem du von 1 bis 10 zählst, damit du nicht die Lust verlierst und die Übung zu einer lästigen Pflicht wird. Zähle eins beim Einatmen, zwei beim Ausatmen. So wirst du immer vertrauter mit der Welt deines Körpers und Geistes. So kannst du dich spielerisch daran gewöhnen, deinen Geist für einige Minuten täglich zur Ruhe zu bringen und deine Gedankenstrom zu sammeln.

Ziel ist es, deinen Geist täglich immer mehr mit Stärke und Energie zu versorgen.

Zwei Dinge verleihen der Seele am meisten Kraft: Vertrauen auf die Wahrheit und vertrauen auf sich selbst. (Seneca)

Die Macht deines Geistes ist dein wichtigstes Handwerkszeug. Du brauchst Autorität, um dein Leben zu verändern. Damit meine ich, dass du deine geistige Macht nicht dazu einsetzt, andere Menschen negativ zu beeinflussen, sondern deine Ziele zu verwirklichen und dir selbst ein schöneres Leben zu bereiten. Ist es nicht das, was sich jeder von uns wünscht? Ein schönes Leben mit einem geliebten Menschen!

Innere Stärke und Macht bedeutet ein starkes Selbstvertrauen und gutes Selbstwertgefühl zu haben. Darauf hast du zu jeder Zeit Einfluss. Du kannst diese Stärken täglich trainieren und zwar unabhängig von äußeren Einflussfaktoren, wie Geld, Status und teure Klamotten. Deine Persönlichkeit ist der sicherste, effektivste und dauerhafteste Einflussfaktor im Aufbau für dein neues Leben. Deinen Charakter und dein "Innerstes Selbst" kann

dir niemand auf der Welt nehmen! Halte diese
Erkenntnis immer fest!

Der Gedanke ist der erste Schritt

Dein wahrer Kern ist dein Herz und dein Geist, die
alles gestalten. Für dein neues Lebensgebäude besitzt
du schon die wichtigsten Bausteine. Dein stabiles
geistiges Dach und dein starkes Herzfundament.
Jetzt fehlen nur noch die Säulen, die allen Stürmen
standhalten. Den Stürmen kannst du nicht aus dem
Weg gehen, sondern musst sie mit Geduld und
Stehvermögen meistern.

Deine Lebensqualität richtet sich danach, wie du
Probleme betrachtest und angehst. Wer jedes
Problem als Kampf und Quälerei empfindet, wird
sich sehr bald erschöpft haben. Wer verbissen, in
blindem Aktivismus kämpft, gibt den Problemen
Macht. Damit schwächst du dich psychisch und
physisch. Nur wenn du deine Emotionen steuern,
abschwächen und verstärken kannst, wirst du
Hindernisse spielend überwinden.

Jeder Tag ist nicht Freude und Sonnenschein. Manchmal wachen wir schon niedergeschlagen, traurig oder ängstlich auf. Gib dich diesen Gefühlen nicht hin! Lass der Negativität keinen freien Lauf. Damit meine ich nicht, dass du dieses seelische Leid nicht haben darfst, sondern, dass du ihm mit Liebe begegnest. Das hört sich zunächst schwierig an und vielleicht ist es das sogar im Moment, aber auch das ist in Ordnung. Stemme dich nicht gegen das schlechte Gefühl, denn so würdest du das Gefühl verstärken und viel Kraft vergeuden. Nimm es als natürlich an, aber bekomme deine Gedanken über deine schlechte Stimmung in den Griff. Lass die einströmenden Gefühle nicht deine Gedanken kontrollieren und den Tag bestimmen oder sogar in Selbstvorwürfen enden. Drücke wieder die Stopp-Taste!

Entkräfte deine negativen Gedanken, indem du dich bewusst und gezielt ablenkst und dir klar machst, dass diese Gedanken nur zwei oder drei von achtzigtausend Gedanken sind, die dir heute durch den Kopf gehen.

Okay, die Gefühle und Gedanken sind im Moment unschön, aber du wirst daran nicht sterben. Du überlebst diese kleine (oder größere Katastrophe!)

Es kommt immer auf deine Bereitschaft an, einen neuen Geisteszustand zuzulassen. Es kommt auf deine Bereitschaft an, in schwierigen Situationen, deine Gefühle im Zaum halten zu können. Du hast es in der Hand, dir Erleichterung zu verschaffen!

Mit Erleichterung meine ich, nicht auf der alten eingefahrenen Schiene zu rutschen, sondern schwierige Situationen mit Abstand neu zu bewerten. Dazu gehört Disziplin und Übung.

Wenn du in einem Streit von deinem Partner verbal angegriffen und beleidigt wirst, reagiere nicht, wie gewohnt, mit einer Gegenattacke, sondern betrachte den Angriff von einer anderen Perspektive. Z.B. als Hilferuf deines Partners oder einfach als Affekt, der gar nichts mit dir persönlich zu tun hat, sondern mit seiner schwierigen Kindheit. Aggressivität ist immer ein Zeichen von Angst, Bedrängnis und Unsicherheit.

Dieses Mitgefühl für den anderen wird dir Erleichterung verschaffen. Damit meine ich nicht, dass du sein Benehmen tolerieren oder entschuldigen sollst. Niemand hat das Recht, dich schlecht zu behandeln und du kannst dich, mit der richtigen Technik, zu jeder Zeit davon abgrenzen, aber eben nicht mit Härte und Ärger.

Wenn du bis hierher schon einige Übung gemacht hast, hast du gelernt, auf diese selbstschädigenden Verhaltensweisen zu verzichten.

Dein starker Wunsch nach einer echten Veränderung hat dich dazu bewogen, dieses Buch zu kaufen und bis zu Ende zu lesen. Du besitzt also die mentale Kraft, deine Ziele zu erreichen.

Das war der erste Schritt und der zweite dritte und vierte wird folgen. Du kennst jetzt deine wahre Bestimmung, deine natürlichen Bedürfnisse und Wünsche.

Betrachte dein neues Leben wie eine blühende Rose, mit allen Aspekten wie der duftenden, wunderschönen Knospe, dem langen wohlgeformten Stil und den Dornen, die dazu gehören. All das wird den Zauber deines neuen Lebens ausmachen.

Trenne dich von dem, was nicht Liebe ist und werde zu der Frau, die du im Kern schon immer warst: ungewöhnlich und im Leben andere Menschen etwas Besonderes. Eine unvergessliche Persönlichkeit mit einer unwiderstehlichen Ausstrahlung. Triff heilsame Entscheidungen, die aus deinem Herzen kommen. Öffne die Tür zu einem neuen Leben. Öffne die Tür zu dir selbst.

Nur noch wenige Hürden sind zu nehmen und du hast dein Ziel erreicht! Da bin ich ganz sicher.

Reise zu Dir selbst

Tief im Inneren weiß jeder von uns, wer wir in Wahrheit sind und, dass wir zu viel mehr fähig sind, als wir täglich zeigen. Auch in dir steckt ein Potential, das noch nicht an die Oberfläche gekommen ist und das darauf wartet, verwirklicht zu werden. Wenn du auf deine Intuition hörst, erschaffst du dir eine neue Identität. Du wirst nicht nur zur Alpha- Frau auf der Bühne des Lebens, sondern bist auch der Regisseur. Wünschen wir uns nicht alle insgeheim, im Großen wie im Kleinen, Sicherheit und Souveränität zu verkörpern!

Du betrügst dich selbst um dein Leben, wenn du deinen Träumen und Wünschen keinen Raum gibst, in die Wirklichkeit zu treten. Dazu musst du deine Individualität kennen und den Mut haben, gegen den Strom zu schwimmen. Welche Menschen verändern die Welt und schaffen sich ein Leben nach ihren Vorstellungen?

Es sind die Andersartigen, die Ungewöhnlichen, die Mutigen! Menschen, die Konventionen brechen, sich selbst treu sind im Handeln und Denken und in keine Schablone passen. Brich deine eingefahrenen Regeln und gehe einen neuen Weg. Endgültig! Für dein neues Leben!

Dein Selbstkonzept führt über deine echten Gefühle und Bedürfnisse. Gib deinem neuen Lebenskonzept Raum zu wachsen und zu blühen. Lerne wieder zu wachsen und endlich wieder, wie als Kind, für das leidenschaftlich einzustehen, was dich wirklich berührt und dich zu dem außergewöhnlichen Menschen macht, der schon immer in dir geschlummert hat.

Wenn du konsequent an deinen Ideen festhältst, wird dir das Glück bald hinterher laufen. Gegen alle Widerstände und Ablehnung, vorausgesetzt du bist bereit, für dein neues Leben auch ein Risiko einzugehen!

Habe keine Angst davor, dir immer wieder neue Fragen zu stellen.

Sieh dir dein Leben genau an und erkenne, was dich fertig macht. Sei ganz ehrlich mit dir selbst. Verlasse dabei deinen Verstand und hör auf deine Intuition. Habe keine Angst vor einer Konfrontation. Frage dich, wie du deine schwierige Lage in einen Sieg verwandeln kannst. Benutze immer dein Herzgefühl und kalkuliere mit deinem gesunden Menschenverstand.

Welche Voraussetzungen musst du schaffen und welche Lösungen liegen auf deinem Weg? Denke über dein neues Leben nach und dir werden immer

neue Ideen und Kombinationen einfallen. Welche
Lebensvorstellung entfacht das größte Feuer in dir
und eine wirklich euphorische Stimmung? Halte
diese Idee fest, denn sie gibt dir die nötige
Motivation, um schlussendlich erfolgreich zu sein.
Auch wenn deine Erfolgschancen im Moment noch
gering erscheinen, darf dich das in deinem
Selbstvertrauen und Selbstbewusstsein nicht
schwächen.

Stell dir folgende Frage: Wenn du zu tausend
Prozent wüsstest, dass du es mit absoluter Sicherheit
schaffst, dein neues Leben zu bekommen, würdest
du dann auch nur eine Sekunde zögern, den ersten
Schritt zu tun? Bestimmt nicht!

Übung: Bitte nimm dir an einem ruhigen Ort Zeit für
dich und begib dich auf eine Reise durch deinen
Körper. Es geht bei dieser Übung darum, dass du den
Kontakt zu deinem Körper und deinen Gefühlen
intensivierst. Es geht nur ums spüren und nicht um
irgendeine Analyse. Alles, was dir auf der Reise zu
dir selbst begegnet, ist vollkommen in Ordnung.
Richte deine Aufmerksamkeit auf bestimmte
Körperbereiche und lausche, was die verschiedenen
Körperstellen dir erzählen. Nimm intensiv deine
unterschiedlichen Empfindungen war und sei dabei
lebendig und nicht ängstlich. Gibt es Körperstellen

die prickeln, jucken oder sogar schmerzen? Fühlst du Wärme oder Kälte an manchen Stellen? Fühlen sich einige Körperstellen vielleicht sogar taub an und aus welchen strömt Energie und Power ?

Gehe durch deinen Körper, wie auf einem Spaziergang. Bleibe nicht zu lange an einem Ort stehen. Unternimm auch eine Mini-Reise durch dein Gesicht. Beginne am Kinn und gehe weiter zum Mund, zu den Ohren, Nase, zu den Augen, zu den Schläfen und der Stirn. Was sagt dein Mund zu dir? Was hören deine Ohren? Urteile nicht. Verurteile dich und deine Gefühle nicht! Lass alles fließen. Du musst nichts krampfhaft machen. Achte nur darauf, was dir begegnet. Offen und neugierig, mitfühlend und ohne Wertung.

* Setze oder lege dich bequem hin und schließe die Augen.
* Nimm alle Geräusche in der Umgebung wahr.
* Lausche einfach, welche unterschiedlichen Töne und Geräusche du hörst.
* Richte deine Aufmerksamkeit auf deine Atmung.
* Wandere langsam mit deiner Aufmerksamkeit in deine Innenwelt und spüre, welche Körperstellen Kontakt mit dem Boden oder mit dem Stuhl haben.

❖ Gehe nun an die Körperstellen, die dir wichtig sind und gib dir so lange Zeit wie du möchtest, in sie hinein zu spüren. Spüre dein Herz , deinen Magen, deinen Bauch, deinen Unterleib, deinen Kopf, deinen Rücken.

❖ Nimm wahr, was du an den bestimmten Körperstellen empfindest und hörst. Bewerte es nicht. Egal, ob es sich angenehm oder unangenehm anfühlt.

❖ Nimm wahr, wie unterschiedlich deine Gefühle für die verschiedenen Körperstellen sind. Nimmt keine Bewertung vor. Nur fühlen und lauschen.

Wenn die Übung vorbei ist, lasse sofort los. Verfalle nicht in Grübeleien oder andere negative Gefühle.

Übung: seelischen Ballast abgeben

Du suchst dir täglich, für nur fünf bis zehn Minuten einen ruhigen Ort, an dem du ungestört bist. Bei der Übung spielt es keine Rolle, ob du stehst , sitzt oder liegst. Nimm nur eine Position ein, in der du dich wohlfühlst.

1. Atmet ca. eine Minute lang bewusst ein und aus, bei geschlossenen Augen.
2. Wende dich nun an die höhere Instanz in dir. Du kannst es deine Natur, deine Intuition oder Gott nennen. Vertraue dich dieser höheren Instanz an und fühle, dass sie nur das Beste für dich will.
3. Stelle dir nun vor, dass eine warme, weiche Stimme zu dir spricht: " Ich bin für dich da. Nun ist es an der Zeit, all deine Ängste, Zweifel und Sorgen loszulassen und an mich zu übergeben. Ich werde mich um deine seelischen Probleme und deine Ziele kümmern. Mach dir keine Gedanken mehr!"
4. Dann stelle dir vor deinem geistigen Auge vor, wie diese Last von deinen Schultern genommen wird und in vertrauensvolle Hände gelegt wird. Stell dir vor, wie sorgenfrei du dein neues Leben genießt. Je öfter du die Übung machst, desto besser wird sich dein Körper und deine Seele anfühlen.

Immer dann, wenn ein neuer ängstlicher oder sorgenvoller Gedanke auftaucht, kannst du dich mit diesem Problem an deine höhere Instanz wenden und das Problem an sie abgeben.

Echte Freunde!

Echte Freunde, die dein Leben bereichern und zwar ohne, dass du irgendwelche Bedingungen erfüllen musst, egal wie du gerade aussiehst, egal ob du gerade nicht gut drauf bist. Echte Freunde helfen dir ungefragt, muntern dich auf, versorgen dich, wenn du krank bist und hören dir zu, wenn dich Kummer und Sorgen plagen.

Trennen und loslassen. Trenne die Spreu vom Weizen und verabschiede dich von den Menschen, die dich nicht auf deinem Lebensweg unterstützen.

Ich wünsche dir alles Glück der Welt mit deinem neuen Leben!

Mia Charlotte

Rechtliches und Impressum

Das Werk einschließlich aller Inhalt ist urheberrechtlich geschützt. Der Nachdruck oder die Reproduktion, gesamt oder auszugsweise, sowie die Einspeicherung, Verarbeitung, Vervielfältigung und Verbreitung mit Hilfe elektronischer Systeme, gesamt oder auszugsweise, ist ohne schriftliche Genehmigung des Autors untersagt. Alle Übersetzungsrechte vorbehalten. Die Inhalte dieses Buches wurden mit hoher Sorgfalt geprüft. Der Autor übernimmt dennoch keinerlei Gewähr für die Richtigkeit und Vollständigkeit der bereitgestellten Informationen. Haftungsansprüche gegen den Autor, welche sich auf Schäden gesundheitlicher, materieller oder ideeller Art beziehen, die durch die Nutzung oder Nichtnutzung der dargebotenen Informationen bzw. durch die Nutzung fehlerhafter und unvollständiger Informationen verursacht wurden, sind grundsätzlich ausgeschlossen. Dieses Buch ist kein Ersatz für medizinische Beratung und Betreuung.

www.ingramcontent.com/pod-product-compliance
Lightning Source LLC
Chambersburg PA
CBHW070759250726
48662CB00004B/1878